50 Ricette per la Pesistica e la definizione del muscolo: Alto contenuto proteico in ogni frullato

di

Joseph Correa

Nutrizionista Sportivo Certificato

COPYRIGHT

© 2016 Finibi Inc

Tutti I diritti riservati

La riproduzione o la traduzione di qualsiasi parte di questo lavoro al di là di quanto consentito dalla sezione 107 o 108 degli Stati Uniti Copyright 1976, senza l'autorizzazione del titolare dei diritti è illegale.

La presente pubblicazione è stata progettata per fornire informazioni accurate e autorevoli in materia di

Il tema trattato. Viene venduto con la consapevolezza che né l'autore né l'editore si impegnano a fornire consulenza medica. In caso di consultazione o di assistenza medica, consultare un medico. Questo libro è considerato una guida e non deve essere utilizzato in alcun modo che possa essere dannoso per la salute. Consultare un medico prima di iniziare questo piano nutrizionale per assicurarsi che sia giusto per te.

RINGRAZIAMENTI

La realizzazione e il successo di questo libro non avrebbero potuto essere possibili senza la mia famiglia.

50 Ricette per la Pesistica e la definizione del muscolo: Alto contenuto proteico in ogni frullato

di

Joseph Correa

Nutrizionista Sportivo Certificato

CONTENUTI

Copyright

Ringraziamenti

Cenni sull'autore

Introduzione

Calendario

50 Ricette per la Pesistica e la definizione del muscolo: Alto contenuto proteico in ogni frullato

Altri titoli dell'autore

CENNI SULL'AUTORE

Come nutrizionista sportivo certificato e atleta professionista, sono fermamente convinto che una corretta alimentazione ti aiuterà a raggiungere i tuoi obiettivi più velocemente e in modo efficace. La mia conoscenza ed esperienza mi ha aiutato a vivere in modo più sano nel corso degli anni che ho condiviso con la famiglia e gli amici. Quanto più si sa di mangiare e bere in modo sano, tanto prima si vorrà cambiare la tua vita e abitudini alimentari.

La nutrizione è una parte fondamentale nel processo per ottenere una forma migliore e questo è tutto ciò che è contenuto nel libro.

INTRODUZIONE

50 Ricette per la Pesistica e la definizione del muscolo ti aiuterà ad incrementare la quantità di Proteine consumate nell'arco della giornata per stimolare la crescita della massa muscolare. Questi pasti contribuiranno ad aumentare il muscolo in maniera organizzata con l'aggiunta di grandi porzioni sane di Proteine alla tua dieta. Essere troppo occupato a mangiare correttamente a volte può diventare un problema ed è per questo che questo libro ti farà risparmiare tempo e contribuirà a nutrire il tuo corpo per raggiungere gli obiettivi che desiderati. Assicurati di sapere cosa stai mangiando per preparartelo da solo o avere qualcuno che lo prepara per te.

Questo libro ti aiuterà a:

- Incrementare la muscolatura velocemente.

- Guadagnare tempo.

- Avere più energia.

- Allenarti più duramente e più a lungo

- Accelerare il tuo metabolismo i modo naturale per avere più muscoli.

- Migliorare Il tuo sistema digestivo.

Joseph Correa è un nutrizionista sportivo certificato ed un atleta professionista.

50 RICETTE DI FRULLATI PER LA DEFINIZIONE DEI MUSCOLI

Giorno 1

Colazione: Tutto in un frullato

Frullato di Energia, Incremento muscoli

Preparazione:

Mescola tutti gli ingredienti insieme in una centrifuga o frullatore ad alta velocità e poi gustati un delizioso frullato.

Sappiamo tutti quanto sia difficile aumentare la massa muscolare; abbiamo sempre bisogno di aiuto per affrontare questo problema. Qui troverai un grande frullato per migliorare l'incremento muscolare e anche rafforzare il corpo. Si può bere in qualsiasi momento della giornata, ma ti consiglio di gustarlo a colazione.

Ingredienti:

- Latte, 400 ml
- 2 misurini di proteine del siero del latte in polvere
- 2 banane da 140g
- 2 cucchiai di olio di mandorle.
- 1 mela

Componenti Nutritivi:

- Calorie: 443

- Proteine: 32.5 g

- Carboidrati: 45 g

- Grassi: 16 g

Giorno 2

Pranzo: Bevi un grande frullato

Frullato per incrementare la massa muscolare

Preparazione:

Mescola tutti gli ingredienti insieme in una centrifuga o frullatore ad alta velocità e poi gusta un delizioso frullato.

Mangiare molto per ottenere tanto è il segreto per costruire grandi quantità di massa muscolare basate principalmente su una percentuale di Proteine. Per raggiungere tale obiettivo è necessario faticare parecchio e mangiare correttamente, e qui troverai un grande frullato che ti aiuterà in questo.

Ingredienti:

- ½ tazza di latte di mardorle senza zuccheri
- 2 cucchiai di sciroppo d'acero
- 2 Banane ghiacciate
- 1 misurino di proteine del siero del latte in polvere
- 3 cucchiai di burro di mandorle

Componenti Nutritivi:

- Calorie – 830

- Grassi totali - 30g (grassi sani dal burro di mandorle)
- Carboidrati – 115g
- Fibre- 14g
- Carboidrati netti-101 g
- Senza Glutine
- Proteine: 46 g

Giorno 3

Colazione: Niente frullato in polvere

Frullato per incrementare la massa muscolare

Preparazione:

Mescola tutti gli ingredienti insieme in una centrifuga o frullatore ad alta velocità e poi gusta un delizioso frullato.

Ottenere il massimo dal tuo mix con questa grande ricetta. Se hai poco tempo, ma vuoi raggiungere la quota nutrizionale giornaliera, questa deliziosa bevanda è pronta in meno di un minuto. Il corpo ha bisogno di un ricco frullato ricco di proteine "super" per i tuoi muscoli e ti darà un buon equilibrio di carboidrati e proteine con questa mistura di ingredienti.

Ingredienti:

- Olio di mandorle 2 cucchiai
- 2 cucchiai di Burro di arachidi
- ½ - 1 cucchiaino di miele
- 1 Banana media
- 2 tazze di latte
- 2 misurini di proteine del siero del latte in polvere

Componenti Nutritivi:

- Calorie: 601
- Proteine: 49 g
- Carboidrati: 63 g
- Grassi: 25 g

Giorno 4

Colazione: Frullato di caffè e proteine

Frullato per incrementare la massa muscolare

Preparazione:

Mescola tutti gli ingredienti insieme in una centrifuga o frullatore ad alta velocità e poi gusta un delizioso frullato.

Questa ricetta richiede pochi secondi, e ti piacerà un sacco. Assicurati di utilizzare tutti gli ingredienti, mescola bene e bevili dopo una sessione di allenamento. Il recupero muscolare è una delle cose più difficili da raggiungere in palestra, e quindi qualsiasi aiuto che potrai ottenere ne sarà sicuramente valsa la pena.

Ingredienti:

- 2 misurini di proteine del siero del latte in polvere
- 8 once di caffè
- 8 once di latte al 2%
- 2 cucchiai di Crème Caramel

Componenti Nutritivi:

- Calorie: 398
- Proteine 58.4 g

- Carboidrati 13.4 g
- Grassi 6.4 g

Giorno 5

Colazione: Frullato di Burro di arachidi e proteine

Frullato per incrementare la massa muscolare

Preparazione:

Mescola tutti gli ingredienti insieme in una centrifuga o frullatore ad alta velocità e poi gusta un delizioso frullato.

Questa ricetta è utilissima per aumentare le tue prestazioni ginniche per incrementare la massa muscolare. Metti gli ingredienti in un frullatore e rendili una crema. Puoi anche utilizzare del latte aggiunto al burro di arachidi per far innalzare le calorie a questo frullato, a te la scelta.

Ingredienti:

- 8 oz di di latte scremato
- 1 banana
- 1 cucchiai di burro di arachidi
- 2 misurini di proteine del siero del latte in polvere

Componenti Nutritivi:

- Calorie 498
- Proteine 58 g

- Carboidrati 44.1 g
- Grassi 11 g

Giorno 6

Colazione: Super Frullato Rosa

Frullato per incrementare la massa muscolare

Preparazione:

Mescola tutti gli ingredienti insieme in una centrifuga o frullatore ad alta velocità e poi gusta un delizioso frullato.

Quando si tratta di massicci aumenti di peso, è più importante consumare la giusta quantità di calorie attraverso un corretto rapporto di carboidrati e proteine in modo da avere abbastanza energia per allenarsi e sufficienti proteine per permettere ai muscoli di svilupparsi.

Ingredienti:

- ¾ tazza di lamponi congelati
- ½ banana piccola
- 1 misurino di proteine del siero del latte in polvere
- ½ cucchiai di burro di cocco naturale
- 5 g glutammina
- 1 tazza di acqua di sorgente

Componenti Nutritivi:

- Calorie: 268
- Proteine : 16.5 g
- Carboidrati: 44.5 g
- Grassi 6.7 g

Giorno 7

Colazione: Frullato di banana e proteine

Frullato per incrementare la massa muscolare

Le proteine sono i nutrienti più importanti per la crescita muscolare. Esse assicurano che il corpo funzioni correttamente. Per i praticanti di bodybuilding, che vogliono ottenere una grande massa muscolare, naturalmente, bisogna seguire una formazione adeguata ed una corretta alimentazione. Questo è un frullato facile da preparare che ha una grande quantità di proteine.

Preparazione:

Mescola tutti gli ingredienti insieme in una centrifuga o frullatore ad alta velocità e poi gusta un delizioso frullato.

Ingredienti:

- 8 oz di latte scremato
- 1 banana
- ½ tazze di avena
- 2 misurini di proteine del siero del latte in polvere

Componenti Nutritivi:

- Calorie 554

50 Ricette per la Pesistica e la definizione del muscolo

- Proteine 58g

- Carboidrati 67.5g

- Grassi 6g

Giorno 8

Colazione: Frullato di Banana bacche e Proteine

Frullato per aumentare la massa muscolare

Questo è un grande frullato per ottenere forza e massa in un breve periodo di tempo, senza ritardi. E' sano, naturale, e sarà di grande impatto nella tua routine in palestra. Vediamo quindi gli ingredienti e tutto ciò che esso ha da offrire.

Preparazione:

Mescola tutti gli ingredienti insieme in una centrifuga o frullatore ad alta velocità e poi gusta un delizioso frullato.

Ingredienti:

- 12 once di acqua
- 4 cubetti di ghiaccio
- 1 banana
- 2 misurini di proteine in polvere

Componenti Nutritivi:

- Calorie 314
- Proteine 45.1g
- Carboidrati: 32.1g

- Grassi 2.4g

Giorno 9

Colazione: Banana e mandorla dissetanti

Frullato per aumentare la massa

Aumenta la tua massa muscolare utilizzando questa ricetta, e poi tieni traccia dei progressi dell'allenamento del giorno successivo per vedere se ti ha giovato. Potresti anche prepararlo la sera prima, per far combinare al meglio gli ingredienti.

Preparazione:

Mescola tutti gli ingredienti insieme in una centrifuga o frullatore ad alta velocità e poi gusta un delizioso frullato.

Ingredienti:

- 1 banana media congelata
- 1 tazza di yogurt bianco
- 100 ml acqua ghiacciata
- 1 onca di mardorle
- 1 tazza di avena

Componenti Nutritivi:

- Calorie: 650

- Proteine: 53 g
- Carboidrati: 75 g
- Grassi: 15 g

Giorno 10

Pranzo: Frullato Cannella e Proteine

Frullato per la crescita muscolare

Segui questa ricetta per aumentare lo sviluppo muscolare, con una bassa assunzione di grassi. Si può bere questo frullato a qualsiasi ora del giorno.

Preparazione:

Mescola tutti gli ingredienti insieme in una centrifuga o frullatore ad alta velocità e poi gusta un delizioso frullato.

Ingredienti:

- 1 tazza di latte scremato
- 1 Banana ghiacciata
- 1 misurino di proteine del siero del latte in polvere
- 1 cucchiai di Burro di arachidi

Componenti Nutritivi:

- Calorie: 391
- Proteine: 38g
- Carboidrati: 42.1g
- Grassi: 10g

Giorno 11

Colazione: Frullato per guadagnare incremento

Frullato per aumentare la massa

Ecco una grande ricetta che ti darà una spinta enorme di energia e inoltre contribuirà ad aumentare il tuo sviluppo muscolare. Quindi, sii pronto per una grande esperienza in grado di migliorare le tue sessioni in palestra.

Preparazione:

Mescola tutti gli ingredienti insieme in una centrifuga o frullatore ad alta velocità e poi gusta un delizioso frullato.

Ingredienti:

- 10-14 oz di acqua pura
- 1/2 tazza di mandorle al naturale
- 1/2 Banana ghiacciata grande
- 2 misurini di proteine del siero del latte in polvere

Componenti Nutritivi:

- Calorie: 380
- Proteine: 75 g
- Carboidrati: 57 g

- Grassi: 15 g

Giorno 12

Colazione: Frullato di energia estrema

Frullato per aumentare massa ed energia

Se stavi cercando qualcosa che ti fornisca un po' di energia in più e che riesca anche a migliorare la tua crescita muscolare dovresti provare questa ricetta. Questo frullato è pieno di sani ingredienti. Il tè verde previene il cancro e i semi di lino forniscono una buona porzione di omega 3, importante per lo sviluppo del tuo corpo.

Preparazione:

Mescola tutti gli ingredienti insieme in una centrifuga o frullatore ad alta velocità e poi gusta un delizioso frullato.

Ingredienti:

- 10 oz di acqua pura
- 10 fragole (Fresca o Congelata)
- 1 cucchiaino di olio di semi di lino
- 1/2 cucchiaino di Tè verde in polvere
- 1/2 cucchiaino di estratto di vaniglia
- 1 misurino di proteine del siero del latte in polvere

Componenti Nutritivi:

- Calorie: 420
- Proteine: 50 g
- Carboidrati: 42 g
- Grassi: 17 g

Giorno 13

Lunch: Frullato di pesche

Frullato per aumentare la massa

Le pesche in questo frullato conferiscono un sapore fantastico e i fiocchi di latte sono una fonte eccellente di proteine facili da digerire. Il momento migliore del giorno per bere questo frullato sarebbe la mattina, ma si può bere in qualsiasi momento.

Preparazione:

Mescola tutti gli ingredienti insieme in una centrifuga o frullatore ad alta velocità e poi gusta un delizioso frullato.

Ingredienti:

- 8 oz di acqua pura
- 1 pesca matura
- 2 cucchiaino di fiocchi di latte con pochi grassi
- Zucchero di canna
- 1.5 misurini di proteine del siero del latte in polvere

Componenti Nutritivi:

- Calorie: 250
- Proteine: 40 g

- Carboidrati: 21 g

- Grassi: 8 g

Giorno 14

Colazione: Frullato di mirtilli

Frullato per aumentare I muscoli

Cominciamo la giornata con un grande ricetta che manterrà elevati i livelli di energia, e fornirà l'apporto di proteine necessario in modo da poter aumentare i muscoli in un periodo di tempo più breve. I mirtilli sono noti per essere grandi antiossidanti e aiutano a prevenire il cancro.

Preparazione:

Mescola tutti gli ingredienti insieme in una centrifuga o frullatore ad alta velocità e poi gusta un delizioso frullato.

Ingredienti:

- 10 oz di Acqua pura
- 1/2 tazza di mirtilli freschi o surgelati
- 1.5 misurino di proteine del siero del latte in polvere
- 2 cucchiaino di olio di semi di lino

Componenti Nutritivi:

- Calorie: 210 g
- Proteine: 39g

- Carboidrati: 22 g
- Grassi: 4 g

Giorno 15

Colazione: Frullato di fragole

Frullato per aumentare I muscoli

Non c'è miglior modo per ottenere risultati veloci quando si cerca di aumentare la crescita muscolare, che bere frullati e questa ricetta sarà molto gustosa grazie alla combinazione di fragole e Fiocchi di latte.

Preparazione:

Mescola tutti gli ingredienti insieme in una centrifuga o frullatore ad alta velocità e poi gusta un delizioso frullato.

Ingredienti:

- 10 oz di acqua pura
- 8 fragole congelate
- 4 cucchiaino di fiocchi di latte con pochi grassi
- 1.5 misurino di proteine del siero del latte in polvere

Componenti Nutritivi:

- Calorie: 310 g
- Proteine: 51g
- Carboidrati: 27g

- Grassi: 7 g

Giorno 16

Colazione: Frullato magro alla banana

Frullato per aumentare i muscoli

Mescola I seguenti ingredienti per avere un frullato con alto contenuto di omega 3 e molto potassio per stimolare la crescita muscolare e anche mantenerti in salute.

Preparazione:

Mescola tutti gli ingredienti insieme in una centrifuga o frullatore ad alta velocità e poi gusta un delizioso frullato.

Ingredienti:

- 8 oz di acqua pura
- 1/2 banana (congelata)
- 2 misurini di proteine del siero del latte in polvere
- 2 cucchiaino di olio di semi di lino

Componenti Nutritivi:

- Calorie: 350 g
- Proteine: 65g
- Carboidrati: 29g
- Grassi: 9 g

Giorno 17

Colazione: Frullato all'ananas

Frullato per aumentare i muscoli

Provate questa stupefacente ricetta che è ben nota per risultati rapidi e gusto delizioso. E' perfetta per aiutarti ad aumentare la tua potenza guadagno muscolare, ed avrà un forte effetto sul sistema immunitario.

Preparazione:

Mescola tutti gli ingredienti insieme in una centrifuga o frullatore ad alta velocità e poi gusta un delizioso frullato.

Ingredienti:

- 1 tazza di of succo di ananas
- 3 fragole
- 1 banana
- 1 cucchiaino di yogurt
- 1 misurino di proteine del siero del latte in polvere

Componenti Nutritivi:

- Calorie: 340 g
- Proteine: 63g

- Carboidrati: 27g
- Grassi: 10 g

Giorno 18

Colazione: Frullato per i muscoli

Frullato per aumentare i muscoli

Hai problemi ad aumentare la muscolatura? Se la risposta è sì, dovresti provare questa ricetta che ti porterà risultati immediati nella tua formazione e molta energia per tutta la giornata.

Preparazione:

Mescola tutti gli ingredienti insieme in una centrifuga o frullatore ad alta velocità e poi gusta un delizioso frullato.

Ingredienti:

- 1 c. latte con pochi grassi
- 1/2 c. yogurt bianco con pochi grassi
- 1 banana, a fette
- 2 cucchiai di Proteine del siero del latte in polvere
- 6 fragole, a fette
- 1 cucchiaino di wheat germ
- 1 cucchiai di miele o succo d'acero
- 1/4 tazza di qualsiasi bacca congelata

   Un pizzico di noce moscata o polvere di carruba

Componenti Nutritivi:

- Calorie: 600
- Proteine: 70g
- Carboidrati: 54g
- Grassi: 15 g

Giorno 19

Colazione: Frullato con Farina d'avena

Frullato per aumentare i muscoli

Questa è una grande ricetta per aumentare la massa muscolare e proteggere il tuo cuore. Essa ti aiuterà a rimanere vigile durante l'intera giornata, forza bevila!

Preparazione:

Mescola tutti gli ingredienti insieme in una centrifuga o frullatore ad alta velocità e poi gusta un delizioso frullato.

Ingredienti:

- 2 misurini di proteine del siero del latte in polvere
- 1 tazza di gelato alla vaniglia senza zucchero
- 1 tazza di farina d'avena
- 2 tazze di latte senza grassi
- 1.2 tazza di acqua
- Una spruzzata di estratto di menta piperita!

Componenti Nutritivi:

- Calorie: 621

- Proteine: 65g
- Carboidrati: 58g
- Grassi: 22 g

Giorno 20

Lunch: Frullato tropicale

Frullato per aumentare i muscoli

Questo è uno dei più deliziosi frullati che abbia mai assaggiato e sono sicuro che ti piacerà. Il mix tra banana, ananas, e cocco conferisce un sapore tropicale che dovrebbe andare bene la mattina o metà mattina. Le banane non devono essere congelate, possono essere a temperatura ambiente ma alcune persone preferiscono che siano fredde se hanno appena finito di allenarsi.

Preparazione:

Mescola tutti gli ingredienti insieme in una centrifuga o frullatore ad alta velocità e poi gusta un delizioso frullato.

Ingredienti:

- 8 oz di acqua pura
- 1/2 cucchiaino di estratto di ananas
- 1/2 cucchiaino di estratto di cocco
- 1 cucchiaio di fiocchi di latte
- 1/2 Banana ghiacciata

Componenti Nutritivi:

- Calorie: 540
- Proteine: 25g
- Carboidrati: 43g
- Grassi: 17g

Giorno 21

Pranzo: Frullato di frutta

Frullato per aumentare i muscoli

Le proteine sono la chiave per la crescita muscolare ed il recupero. Assicurati di provare questo frullato in qualsiasi momento del giorno. Questo frullato di bacche ha molte qualità antiossidanti che andranno a beneficio dell'invecchiamento e ti impediscono di ammalarti frequentemente e può essere molto importante quando non ti può permettere di prendere varie settimane di pause dal lavoro.

Preparazione:

Mescola tutti gli ingredienti insieme in una centrifuga o frullatore ad alta velocità e poi gusta un delizioso frullato.

Ingredienti:

- 2 misurini di proteine del latte in polvere
- 4 grandi fragole
- Mirtilli (una piccola manciata)
- acqua (appena qualche goccia)
- 3 uova

Componenti Nutritivi:

- Calorie: 470
- Proteine: 45g
- Carboidrati: 39g
- Grassi: 15g

Giorno 22

Colazione: Frullato di delizia alle mele

Frullato per incrementare la massa muscolare

Gli atleti che consumano più proteine aumenteranno più massa muscolare rispetto alle persone sedentarie e per massimizzare il potenziale di crescita dovrai fare in modo di aggiungere questo frullato subito prima o subito dopo una sessione di allenamento. Il mix di sapori di mela, cannella, noce moscata regalano un sapore originale che normalmente non si trova in altri frullati.

Preparazione:

Mescola tutti gli ingredienti insieme in una centrifuga o frullatore ad alta velocità e poi gusta un delizioso frullato.

Ingredienti:

- 1 misurino di proteine del siero del latte in polvere
- 1 mela pelata e senza torsolo, tagliata a pezzi
- 1 1/2 tazze di latte
- 1/2 cucchiaino di cannella
- 1/2 cucchiaino di noce moscata
- 5 Cubetti di ghiaccio

Componenti Nutritivi:

- Calorie: 350
- Proteine: 35g
- Carboidrati: 21g
- Grassi: 10g

Giorno 23

Colazione: Frullato di zucca

Frullato con pochi carboidrati

Ecco un frullato per te essendo una grande fonte di proteine che ti fornisce un alto livello di energia durante la giornata. L'olio di lino e lo yogurt apportano diversi ingredienti per tutte le funzioni del tuo organismo e contribuisce a darti una fonte di calcio ed omega 3.

Preparazione:

Mescola tutti gli ingredienti insieme in una centrifuga o frullatore ad alta velocità e poi gusta un delizioso frullato.

Ingredienti:

- 2 Misurini di proteine del latte in polvere
- 8 oz di acqua
- 1 cucchiai di olio di lino
- 1 cucchiaino di torta di zucca
- 8 oz di Yogurt
- 4-6 cubetti di ghiaccio

Componenti Nutritivi:

- Calorie: 300

- Proteine: 40g
- Carboidrati: 26g
- Grassi: 11g

Giorno 24

Colazione: Frullato alla Cannella

Frullato per incrementare la massa muscolare

Questo frullato deve essere consumato al mattino presto prima di una sessione di allenamento, perché è un buon fornitore di energia e contribuisce ad accelerare il recupero muscolare.

Preparazione:

Mescola tutti gli ingredienti insieme in una centrifuga o frullatore ad alta velocità e poi gusta un delizioso frullato.

Ingredienti:

- 1 cracker di Graham
- 1/2 cucchiaino di cannella
- estratto di vaniglia
- 12oz di acqua
- 4 Cubetti di ghiaccio

Componenti Nutritivi:

- Calorie: 280
- Proteine: 10g

- Carboidrati: 15g

- Grassi: 5g

Giorno 25

Colazione: Frullato di Burro di arachidi e Banana

Frullato per incrementare la massa muscolare

Il Burro di Arachidi è una grande fonte di proteine e di energia. Molti atleti usano il burro di arachidi come fonte principale di energia prima dell'allenamento o prima di una competizione. Il contenuto di banana e mandorla migliora il sapore e rendono il frullato ancora più digestivo.

Preparazione:

Mescola tutti gli ingredienti insieme in una centrifuga o frullatore ad alta velocità e poi gusta un delizioso frullato.

Ingredienti:

- 2 misurini di proteine del siero del latte in polvere
- 100g mandorle a pezzi
- 1 cucchiai di burro di arachidi
- 500ml di latte scremato
- mezza banana
- 1 cucchiaio di miele

Componenti Nutritivi:

- Calorie: 600
- Proteine: 55g
- Carboidrati: 35g
- Grassi: 10g

Giorno 26

Colazione: Frullato Super Mix

Frullato per incrementare la massa muscolare

A seconda del metabolismo, alcuni frullati funzionano meglio di altri. Per chi preferisce un gusto dolce, questa sarà un'ottima ricetta. E' possibile riadattare alcuni ingredienti e modificare il sapore in base ai propri gusti, come il caramello, le nocciole o yogurt alla vaniglia.

Preparazione:

Mescola tutti gli ingredienti insieme in una centrifuga o frullatore ad alta velocità e poi gusta un delizioso frullato.

Ingredienti:

- 10 Cubetti di ghiaccio
- 12 oz di latte senza grassi
- 2 cucchiai di yogurt alla vaniglia senza grassi o Kefir
- 1 cucchiai di burro di arachidi con pochi grassi
- 2 cucchiai di nocciole
- 1 cucchiaio di gelato al caramello per decorazione

Componenti Nutritivi:

- Calorie: 430
- Proteine: 23g
- Carboidrati: 20g
- Grassi: 11g

Giorno 27

Colazione: Frullato alla banana per la massa magra

Frullato per incrementare la massa muscolare

Le persone che si attengono ad una dieta mirata all'incremento muscolare giornaliero possono avere maggiori benefici se aggiungono i frullati che stimolano i muscoli grazie alla loro facilità di preparazione e grazie a quanto velocemente il corpo riesce ad assorbire le proteine ed i nutrienti.

Preparazione:

Mescola tutti gli ingredienti insieme in una centrifuga o frullatore ad alta velocità e poi gusta un delizioso frullato.

Ingredienti:

- 1/2 Banana ghiacciata
- 2 cucchiai di panna da montare (panna, non crema in barattolo)
- 2 uova
- 10-12 oz di acqua
- 4-6 cubetti di ghiaccio

Componenti Nutritivi:

- Calorie: 320

- Proteine: 18g
- Carboidrati: 15g
- Grassi: 9g

Giorno 28

Pranzo: Frullato dolce ed energetico

Frullato per incrementare la massa muscolare

Questo è un grande esempio di frullato con ingredienti molto diversi, ma così combinati sono una grande fonte di proteine e aumenteranno le prestazioni palestra.

Preparazione:

Mescola tutti gli ingredienti insieme in una centrifuga o frullatore ad alta velocità e poi gusta un delizioso frullato.

Ingredienti:

- 1 banana media o grande
- 8 oz di Latte magro
- 1 cucchiai di Miscela di semi di lino e di mandorle
- 1 cucchiaino di succo d'acero
- Poche gocce di essenza di vaniglia / estratto
- 3-4 cubetti di ghiaccio
- 1 cucchiai di yogurt naturale con pochi grassi

Componenti Nutritivi:

- Calorie: 450
- Proteine: 19g
- Carboidrati: 16g
- Grassi: 10g

Giorno 29

Colazione: Frullato all'arancia

Frullato per incrementare la massa muscolare

Cominciamo la giornata con un frullato impressionante per aumentare il nostro sistema immunitario e aiutarci ad aumentare i muscoli. Questa ricetta è ad alto contenuto di vitamina C e potassio grazie al succo d'arancia e fragole che consentirà ai muscoli di recuperare più velocemente.

Preparazione:

Mescola tutti gli ingredienti insieme in una centrifuga o frullatore ad alta velocità e poi gusta un delizioso frullato.

Ingredienti:

- 8 oz di Orange Juice
- 4-5 cubetti di ghiaccio
- 1 cucchiaino di Estratto di vaniglia
- ½ banana
- 2-3 fragole congelate
- 2 cucchiaino di honey

Componenti Nutritivi:

- Calorie: 291
- Proteine: 15g
- Carboidrati: 12g
- Grassi: 5g

Giorno 30

Colazione: Frullato energico alle mandorle

Frullato per incrementare la massa muscolare

Potrai avere una migliore digestione dopo questo frullato con questa combinazione di farina d'avena, uva passa, mandorle, burro di arachidi. L'uvetta conferisce un sapore particolare e la farina d'avena dà una consistenza diversa rispetto ad altri frullati.

Preparazione:

Mescola tutti gli ingredienti insieme in una centrifuga o frullatore ad alta velocità e poi gusta un delizioso frullato.

Ingredienti:

- 10-12 oz di latte scremato
- 1.2 tazza di farina d'avena
- 1.2 tazza di uva passa
- 12 mandorle tagliuzzate
- 1 cucchiai di burro di arachidi.

Componenti Nutritivi:

- Calorie: 380
- Proteine: 18g

- Carboidrati: 15g
- Grassi: 12g

Giorno 31

Colazione: Frullato di bacche selvatiche

Frullato per incrementare la massa muscolare

I lamponi sono noti per essere grandi fornitori di vitamina C e antiossidanti e molti medici li suggeriscono come un integratore anti-cancro da assumere ogni giorno tra alimenti e pasti. E' la miscela perfetta per coloro che vogliono aumentare la massa muscolare e la forza. È possibile sostituire uno spuntino ordinario con questa bevanda sana che non è molto carica in Proteine, ma ti aiuterà a prenderti una pausa da tutti gli altri frullati proteici utilizzati su base giornaliera.

Preparazione:

Mescola tutti gli ingredienti insieme in una centrifuga o frullatore ad alta velocità e poi gusta un delizioso frullato.

Ingredienti:

- 8 lamponi
- 4 fragole
- 15 mirtilli
- 16 once di latte senza grassi
- 1/2 tazza di cubetti di ghiaccio

Componenti Nutritivi:

- Calorie: 210
- Proteine: 9g
- Carboidrati: 10g
- Grassi: 8g

Giorno 32

Colazione: Frullato Banana ed arachidi

Frullato per incrementare la massa muscolare

In termini di nutrizione questo frullato apporta moltissime proteine magre e carboidrati complessi, quindi aumenterà la crescita muscolare ed il recupero. Esso ti darà anche un impulso di energia per il tuo allenamento, se lo bevi mezz'ora prima.

Preparazione:

Mescola tutti gli ingredienti insieme in una centrifuga o frullatore ad alta velocità e poi gusta un delizioso frullato.

Ingredienti:

- ½ tazza di arachidi
- 1/2 Banana
- 1 Tazza di Di latte scremato
- 1/4 Tazza di Fiocchi d'avena Quaker
- 2 Cubetti di ghiaccio
- Un pizzico di sale

Componenti Nutritivi:

- Calorie: 230

- Proteine: 18g
- Carboidrati: 12g
- Grassi: 5g

Giorno 33

Colazione: Frullato carote e ananas

Frullato per incrementare la massa muscolare

Questo frullato potrebbe sembrare un po' strano per voi ragazzi, ma credetemi è una buona ricetta per voi e il vostro corpo. È possibile rimuovere o diminuire le porzioni per alcuni degli ingredienti a seconda delle preferenze in quanto questo mix è molto diverso da tutti gli altri.

Preparazione:

Mescola tutti gli ingredienti insieme in una centrifuga o frullatore ad alta velocità e poi gusta un delizioso frullato.

Ingredienti:

- 1 tazza di latte al cioccolato
- 3/4 c carote tagliuzzate
- 10 pezzi di ananas congelati
- 2 cucchiaino di cocco grattugiato al naturale
- 1 cucchiaino di vanilla
- 1 cucchiaino di crema dolce
- 4 oz di crema di formaggio o formaggio Neufchatel

Componenti Nutritivi:

- Calorie: 220
- Proteine: 21g
- Carboidrati: 13g
- Grassi: 13g

Giorno 34

Lunch: Frullato di zucca

Frullato per incrementare la massa muscolare

Ottimo frullato che ti farà guadagnare un incremento della massa muscolare, con un gusto molto particolare che lo rende interessante da bere, pur consumando una discreta quantità di proteine. E' il complemento perfetto per il recupero e l'incremento muscolare.

Preparazione:

Mescola tutti gli ingredienti insieme in una centrifuga o frullatore ad alta velocità e poi gusta un delizioso frullato.

Ingredienti:

- 3/4 c. latte (qualsiasi tipo)
- 1/4 c. zucca in scatola
- 1 cucchiai di Torta di zucca sciroppata aromatizzata
- 1/2 cucchiaino di torta speziata alla zucca
- 10 cubetti di ghiaccio

Componenti Nutritivi:

- Calorie: 235

- Proteine: 20g
- Carboidrati: 17g
- Grassi: 1.5g

Giorno 35

Colazione: Frullato Mela e Mirtilli

Frullato per una carica energetica

Mantenere un alto livello di energia è l'obiettivo di questo frullato. Ti fornirà tutte le proteine di cui hai bisogno se ti senti un po' stanco durante le giornate nelle quali hai affrontato un duro allenamento.

Preparazione:

Mescola tutti gli ingredienti insieme in una centrifuga o frullatore ad alta velocità e poi gusta un delizioso frullato.

Ingredienti:

- 1/2 piccola mela tagliata in piccoli pezzi (con la buccia)
- 1/2 tazza di ciliegie (scure, dolce, snocciolate)
- 1/2 tazza di mirtilli
- 4 cucchiai di germe di grano
- cubetti di ghiaccio (se li desideri)
- 1/2 tazza di proteine del siero del latte

Componenti Nutritivi:

- Calorie: 300

- Proteine: 39g
- Carboidrati: 18g
- Grassi: 5g

Giorno 36

Colazione: Ciliegia Banana

Frullato per una carica energetica

Due grandi ingredienti saporiti in un frullato. Ciliegie e banane di garantiscono un corretto apporto di fibre di cui il tuo corpo necessita quando si assumono grandi quantità di proteine. Prova questa bibita prima di una sessione di allenamento serale o diurno.

Preparazione:

Mescola tutti gli ingredienti insieme in una centrifuga o frullatore ad alta velocità e poi gusta un delizioso frullato.

Ingredienti:

- 1/2 tazza di ciliegie (nere, dolci, snocciolate)
- 1/2 tazza di Banana
- 4 cucchiai di germe di grano
- cubetti di ghiaccio (se li desideri)
- 1/2 tazza di proteine del siero del latte

Componenti Nutritivi:

- Calorie:300
- Proteine: 39g

- Carboidrati: 18g
- Grassi: 5g

Giorno 37

Colazione: Frullato Uovo Mania

Frullato per incrementare la massa muscolare

Puoi utilizzare un frullato per incrementare la massa muscolare senza proteine in polvere garantendoti comunque l'assunzione di una buona quantità di proteine. I ceci conferiscono un colore verde, ma in realtà non cambiano il sapore. Questa è una grande combinazione di proteine e carboidrati.

Preparazione:

Mescola tutti gli ingredienti insieme in una centrifuga o frullatore ad alta velocità e poi gusta un delizioso frullato.

Ingredienti:

- 4 albumi
- 1/2 tazza di fiocchi di latte
- 1 banana
- 1/4 tazza di ceci
- Ananas a fette
- Latte di cocco
- puoi aggiungere Estratto di cocco
- cubetti di ghiaccio

Componenti Nutritivi:

- Calorie:280
- Proteine: 25g
- Carboidrati: 40g
- Grassi: 4g

Giorno 38

Colazione: Frullato con tante proteine

Frullato per incrementare la massa muscolare

Aumenta le prestazioni in palestra introducendo maggiori quantità di proteine su base quotidiana. Questo frullato apporta molte proteine e tanto gusto.

Preparazione:

Mescola tutti gli ingredienti insieme in una centrifuga o frullatore ad alta velocità e poi gusta un delizioso frullato.

Ingredienti:

- 1/2 c acqua
- 1 misurino di proteine del siero del latte in polvere
- 2 cucchiai di miele
- 1 cucchiai di Burro di arachidi in crema
- 1/2 tazza di ghiaccio

Componenti Nutritivi:

- Calorie:114
- Proteine: 34g

- Carboidrati: 5.2g
- Grassi: 4.5g

Giorno 39

Colazione: Frullato con mix di frutta

Frullato per incrementare la massa muscolare

Questa ricetta può facilmente sostituire la normale colazione apportando una parte sana di cibo per nutrire il tuo corpo. Ha un sacco di sostanze nutritive delle quali il tuo corpo ha bisogno per iniziare bene la mattina. Proteine e carboidrati sono inclusi in questa ricetta per darti molta energia e forza durante l'allenamento.

Preparazione:

Mescola tutti gli ingredienti insieme in una centrifuga o frullatore ad alta velocità e poi gusta un delizioso frullato.

Ingredienti:

- 1/2 banana tritata
- 1/2 tazza di fragole tritate
- 1 piccola mela
- 1 piccola prugna
- 1 tazza di cioccolato al latte
- 1 cucchiai di burro di arachidi in crema
- 1 misurino di proteine del siero del latte in polvere

Componenti Nutritivi:

- Calorie:700
- Proteine: 46g
- Carboidrati: 90g
- Grassi: 20g

Giorno 40

Colazione: Frullato al cioccolato

Frullato per incrementare la massa muscolare

Un ottimo modo di combinare il cioccolato fondente con gli ingredienti corretti per ottenere un frullato che aiuterà ad incrementare la tua prestanza in palestra e nella definizione del muscolo.

Preparazione:

Mescola tutti gli ingredienti insieme in una centrifuga o frullatore ad alta velocità e poi gusta un delizioso frullato.

Ingredienti:

- 1 pezzo di cioccolato fondente
- 4 uova
- 3 tazze di latte
- 1 misurino di proteine del siero del latte in polvere

Componenti Nutritivi:

- Calorie: 290
- Proteine: 45g
- Carboidrati: 37g
- Grassi: 19g

Giorno 41

Colazione: Frullato tutti I sapori

Frullato per incrementare la massa muscolare

Questo frullato è una fonte eccellente di Proteine e fibre di cui il corpo ha bisogno. E 'pieno di sostanze nutritive e vitamine che ti permetterà di sviluppare muscoli più grandi ed avere più energia nella costruzione dei tuoi muscoli.

Preparazione:

Mescola tutti gli ingredienti insieme in una centrifuga o frullatore ad alta velocità e poi gusta un delizioso frullato.

Ingredienti:

- Uva, 4 grappoli, senza semi
- More, fresche, 0,5 grammi
- Mirtilli, fresche, 25 bacche
- Fragole, fresche, 0,5 grammi
- Ananas, fresca, 1 fetta, sottile (3-1 / 2 "di diametro x 1/2" di spessore
- Mele, fresche, 10 grammi
- Yogurt con pochi grassi, 0,5 container (4 oz di)
- Cavolo riccio, 0,5 grammi

- Broccoli, freschi, 1 gambo

- Arance, 0,5 grammi

- 1 misurino di proteine del siero del latte in polvere

Componenti Nutritivi:

- Calorie: 280

- Proteine: 48g

- Carboidrati: 31g

- Grassi: 4.2g

Giorno 42

Colazione: Frullato svegliati adesso

Frullato per incrementare la massa muscolare

Ecco come si dovrebbe iniziare la giornata, energia sarà la parola per definire questo frullato, ma non pensare che non sia anche utile a sviluppare la massa, perché sbaglieresti.

Preparazione:

Mescola tutti gli ingredienti insieme in una centrifuga o frullatore ad alta velocità e poi gusta un delizioso frullato.

Ingredienti:

- 1 banana media fresca
- 2 porzioni (60 gr) di fiocchi d'avena
- 1-2 cucchiai di burro di arachidi, in crema
- 1 tazza di (250 ml) yogurt, bianco con pochi grassi (0% - 1.5% mf)
- 0.5 cucchiai di (o meno) cannella, macinata

Componenti Nutritivi:

- Calorie: 650
- Proteine: 28g

- Carboidrati: 85g

- Grassi: 10g

Giorno 43

Pranzo: Frullato Mango Tango

Frullato per incrementare la massa muscolare

Questo è un ottimo frullato che è possibile aggiungere ad altre giornate in modo da poter prendere due frullati al giorno con tante fibre e pochi grassi. Questo frullato magro ti aiuterà a combattere la stanchezza in palestra e migliorerà le prestazioni.

Preparazione:

Mescola tutti gli ingredienti insieme in una centrifuga o frullatore ad alta velocità e poi gusta un delizioso frullato.

Ingredienti:

- 2 fragole grandi, fresche o congelate
- 10 mirtilli, freschi o congelati
- 1 tazza di succo d'arancia
- 1/2 mango, fresco o congelato
- 1 misurino di proteine del siero del latte in polvere

Componenti Nutritivi:

- Calorie:250
- Proteine: 30.5g

- Carboidrati: 52g
- Grassi: 8.4g

Giorno 44

Colazione: Frullato Tangerine e ananas

Frullato per incrementare la massa muscolare

Per migliorare la muscolatura, non ci sono segreti; devi lavorare sodo e mangiare correttamente! To gain muscle, there is no secret; you have to train and eat right! Arrancherai con poca energia durante l'allenamento ed è per questo che aggiungendo gli ingredienti giusti avrai la spinta necessaria che fa la differenza quando si cerca di costruire dei muscoli più forti.

Preparazione:

Mescola tutti gli ingredienti insieme in una centrifuga o frullatore ad alta velocità e poi gusta un delizioso frullato.

Ingredienti:

- 1/2 tazza di ananas, congelato a pezzi
- 1/2 tazza di Tangerini, (arance, mandarini), in scatola
- 2 cucchiaini di miele
- 1 misurino di proteine del siero del latte in polvere

Componenti Nutritivi:

- Calorie:150

- Proteine: 39g

- Carboidrati: 17g

- Grassi: 11g

Giorno 45

Colazione: Burro di arachidi Mela Frullato

Frullato per incrementare la massa muscolare

I frullati dovrebbero essere una grande risorsa di calorie ed energia che sono necessarie allo sviluppo della massa muscolare. Questo delizioso frullato viene creato per aumentare i tuoi muscoli e mantenere allo stesso tempo un alto livello di energia.

Preparazione:

Mescola tutti gli ingredienti insieme in una centrifuga o frullatore ad alta velocità e poi gusta un delizioso frullato.

Ingredienti:

- 3/4 Tazza di yogurt bianco o alla vaniglia
- 2 cucchiai di Burro di arachidi
- 1 Banana
- 1/8 Tazza di latte
- 3/4 Tazza di ghiaccio
- 1 mela

Componenti Nutritivi:

- Calorie:440

- Proteine: 22g
- Carboidrati: 50g
- Grassi: 19g

Giorno 46

Colazione: Super Frullato alla banana

Frullato per incrementare la massa muscolare

La vaniglia la mandorla il latte renderanno questo un grande frullato proteico. Promuoverà la crescita della massa muscolare senza squilibrare la tua dieta. È possibile ridurre o eliminare la cannella a piacimento.

Preparazione:

Mescola tutti gli ingredienti insieme in una centrifuga o frullatore ad alta velocità e poi gusta un delizioso frullato.

Ingredienti:

- 1/2 tazza di latte di mandorla alla vaniglia
- 1/2 tazza di acqua
- 1/2 banana
- Spruzzata di cannella
- 1 misurino di proteine in polvere alla vaniglia

Componenti Nutritivi:

- Calorie:350
- Proteine: 43g

- Carboidrati: 25g
- Grassi: 5g

Giorno 47

Colazione: Frullato energetico di avena scura

Frullato per incrementare la massa muscolare

La combinazione di cioccolato fondente, fiocchi di latte e farina d'avena aumenterà il tuo sviluppo muscolare, e ti farà ottenere la carica di energia che stavi cercando in palestra, mentre migliorerà la digestione e rafforzerà il tuo cuore.

Preparazione:

Mescola tutti gli ingredienti insieme in una centrifuga o frullatore ad alta velocità e poi gusta un delizioso frullato.

Ingredienti:

- 1/2 tazza di of Fiocchi di latte (or 1 tazza di yogurt greco)
- 1/2 - 1 tazza di acqua (a seconda dello spessore desiderato) o latte
- 10g cioccolato fondente
- ½ tazza di farina d'avena
- 1/2 banana
- 1 misurino di proteine del siero del latte in polvere

Componenti Nutritivi:

- Calorie:150
- Proteine: 40g
- Carboidrati: 20g
- Grassi: 8g

Giorno 48

Colazione: Frullato di proteine del latte

Frullato per incrementare la massa muscolare

Per costruire e mantenere la massa muscolare è necessario aumentare i carboidrati e le proteine in modo da avere l'energia per lavorare sodo e gli ingredienti giusti per permettere ai muscoli di svilupparsi pienamente.

Preparazione:

Mescola tutti gli ingredienti insieme in una centrifuga o frullatore ad alta velocità e poi gusta un delizioso frullato.

Ingredienti:

- 1 misurino di proteine del latte in polvere
- 1/2 banana
- 1/2 tazza di mandorle a fettine
- 8 oz latte
- 3 cubetti di ghiaccio

Componenti Nutritivi:

- Calorie: 335
- Proteine: 31g

- Carboidrati: 25g

- Grassi: 18g

Giorno 49

Colazione: Frullato di Avocado

Frullato per incrementare la massa muscolare

I frullati di proteine con verdure sono rari, ma dovrebbero essere utilizzati maggiormente per il valore che portano alla tua dieta e al tuo corpo. L'avocado è considerato da alcuni come un "super nutriente" ed è ottimo per il tuo corpo.

Preparazione:

Mescola tutti gli ingredienti insieme in una centrifuga o frullatore ad alta velocità e poi gusta un delizioso frullato.

Ingredienti:

- 1/2 avocado
- 1 cucchiaio di cocco grattugiato
- 1 tazza di latte di mandorla
- 1 misurino di proteine del siero del latte in polvere

Componenti Nutritivi:

- Calorie:300
- Proteine: 35g
- Carboidrati: 20g
- Grassi: 8g

Giorno 50

Colazione: Frullato

Frullato per incrementare la massa muscolare

Una combinazione completa di baccche e proteine per migliorare la crescita muscolare e i recupero tutto in un frullato. Il gusto è magnifico ed i risultati sono ancora migliori quando è necessario allenarsi duramente e si vogliono vedere i risultati.

Preparazione:

Mescola tutti gli ingredienti insieme in una centrifuga o frullatore ad alta velocità e poi gusta un delizioso frullato.

Ingredienti:

- ½ tazza di fragole
- ¼ tazza di frutti di bosco (lamponi, mirtilli e more)
- ¼ tazza di succo di melograno biologico
- ¼ tazza di succo d'uva biologico
- Una manciata di mandorle a pezzetti per guarnire
- 1 misurino di proteine del siero del latte in polvere

Componenti Nutritivi:

- Calorie:200

- Proteine: 31g
- Carboidrati: 19g
- Grassi: 1g

ALTRI TITOLI DELL'AUTORE

40 Ricette per la Perdita di Peso per Uno Stile di Vita Frenetico: La soluzione per trattare il grasso

di

Joseph Correa

Nutrizionista Sportivo Certificato

50 Ricette Succose Per Abbassare La Pressione Sanguigna: Un Modo Semplice Per Ridurre La Pressione Alta

di

Joseph Correa

Nutrizionista Sportivo Certificato

www.ingramcontent.com/pod-product-compliance
Lightning Source LLC
Chambersburg PA
CBHW070154080526
44586CB00015B/1978